Mike Höltker

Gründe für die Gründung einer GmbH & Co KG

GRIN Verlag

Bibliografische Information der Deutschen Nationalbibliothek:

Die Deutsche Bibliothek verzeichnet diese Publikation in der Deutschen National-
bibliografie; detaillierte bibliografische Daten sind im Internet über http://dnb.d-
nb.de/ abrufbar.

Impressum:

Copyright © 2003 GRIN Verlag GmbH
Druck und Bindung: Books on Demand GmbH, Norderstedt Germany
ISBN: 978-3-638-64354-2

Dieses Buch bei GRIN:

http://www.grin.com/de/e-book/14624/gruende-fuer-die-gruendung-einer-gmbh-
co-kg

Gründe für die Gründung einer GmbH&Co.KG

von

Mike Höltker

Fachhochschule für Oekonomie & Management Essen

Seminararbeit im Schwerpunktfach

Unternehmensrecht

zum Thema

GRÜNDE FÜR DIE GRÜNDUNG EINER GMBH & CO KG

Berufsbegleitender Studiengang Wirtschaft

zum Diplom-Kaufmann (FH)

Autor: Mike Höltker

Inhalt

Darstellungsverzeichnis

Abkürzungsverzeichnis

Abs.	Absatz
AG	Aktiengesellschaft
BetrVG	Betriebsverfassungsgesetz
BGB	Bürgerliches Gesetzbuch
d.h.	das heißt
ErbStG	Erbschaftsteuergesetz
EStG	Einkommensteuergesetz
evtl.	eventuell
ff.	fortfolgende
GbR	Gesellschaft bürgerlichen Rechts
gem.	gemäß
GmbH	Gesellschaft mit beschränkter Haftung
GmbHG	Gesetz betreffend die Gesellschaften mit beschränkter Haftung
HGB	Handelsgesetzbuch
i.d.R.	in der Regel
KG	Kommanditgesellschaft
KSt	Körperschaftsteuer
KStG	Körperschaftsteuergesetz
min.	mindestens
OHG	Offene Handelsgesellschaft
Rz.	Randziffer
StGB	Strafgesetzbuch
UmwG	Umwandlungsgesetz
z.B.	zum Beispiel

A. Einleitender Teil

I.   Begriffsabgrenzung

In Deutschland herrscht für die Gründung einer Gesellschaft ein Typenzwang. So muss sich jeder Unternehmer bzw. Gesellschafter entscheiden, welchen Gesellschaftstyp er wählt.

Die GmbH ist eine Gesellschaft mit auf das Stammkapital beschränkter Haftung. Für diese Gesellschaftsform hat der Gesetzgeber das GmbH-Gesetz eingeführt.

Bei der KG ist je mindestens ein Komplementär und Kommanditist beteiligt. Diese Gesellschaftsform ist im HGB geregelt.

Bei der GmbH & Co KG handelt es sich um eine Mischform der oben genannten Rechtsformen. In der Regel wird hier die Stellung des Komplementärs durch eine GmbH besetzt.

II.   Problemstellung

Jedes Unternehmen, muss sich bei der Gründung für eine Gesellschaftsform entscheiden. Auch nach der Gründung eines Unternehmens kann der Wechsel der Gesellschaftsform sinnvoll sein. Bei der Gründung von Tochterfirmen stellt sich die Frage erneut.

Dabei haben die Vor- und Nachteile jeder Gesellschaftsform ein großes Gewicht. Eine einmal getroffene Entscheidung ist nur schwer wieder rückgängig zu machen.

Hier soll im weiteren erläutert werden, welche Gründe für die Gründung der Mischform der GmbH & Co KG sprechen.

III.   Gang der Untersuchung

Zuerst wird in Kapitel B die GmbH und die KG als einzelne Gesellschaft beschrieben. Anschießend wird die Frage geklärt, wie die Mischform der GmbH und Co. KG gegründet wird.

In Kapitel C wird dann näher auf die Vorteile einer GmbH & Co. KG eingegangen. Die Untersuchung soll dabei in die drei Teile Haftung, Kapitalbeschaffung und steuerliche Gründe unterteilt werden.

B. Gesellschaftsformen

I. Überblick über die Gesellschaftsformen

Im deutschen Recht wird grundsätzlich zwischen Personengesellschaften und Kapitalgesellschaften unterschieden.

1. Personengesellschaften

Der Grundtyp aller Personengesellschaften ist die Gesellschaft bürgerlichen Rechts (GbR). Sie wird auch als BGB-Gesellschaft bezeichnet, da sie in den §§ 705 ff. BGB geregelt ist. In der Praxis ist sie sehr beliebt, da sie für eine Vielzahl von Zwecken geeignet ist. Sie wird vielfach auch ohne das Wissen, eine Gesellschaft gegründet zu haben, errichtet. Beispiele für BGB-Gesellschaften sind die Fahrgemeinschaft, eine Lotto-Tipp-Gemeinschaft oder auch eine Erbengemeinschaft. Wichtig ist nur, dass mindestens zwei Personen einen gemeinsamen Zweck verfolgen. Jeder Beteiligte haftet unmittelbar, unbeschränkt und solidarisch.[1]

Im Handelsgesetzbuch wird die OHG (§§ 105 – 160 HGB) und die KG (§§ 161 – 177a HGB) beschrieben.

Bei der OGH war ursprünglich der Zweck auf den Betrieb eines Handelsgewerbes beschränkt. Seit 1998 ist durch § 105 Abs. 2 HGB auch jeder andere Zweck denkbar.

Für die Gründung einer OHG benötigt man mindestens zwei Gesellschafter, die wie in der BGB-Gesellschaft unmittelbar, unbeschränkt und solidarisch haften.

---

[1] vgl. *Eisenhardt, Ulrich*: Gesellschaftsrecht, S. 7, 21-32

Das HGB schreibt vor, dass der Gewinn wie folgt zu verteilen ist: Zuerst wird der Kapitalanteil mit 4% verzinst, danach wird der Restgewinn nach Köpfen verteilt. Der Verlust wird ausschließlich nach Köpfen verteilt (§ 121 HGB). Die Gewinnverteilung wird in der Praxis regelmäßig durch Satzung anders bestimmt, um für die individuellen Kapitaleinlagen und unterschiedlich hohen Arbeitsleistungen der Gesellschafter eine gerechte Vergütungsmöglichkeit zu schaffen.

Die Eintragung in das Handelsregister hat lediglich deklaratorische Wirkung.

Der Vorteil einer OHG zur GbR ist, dass es sich bei den Gesellschaftern der OHG um Kaufleute handelt. Die speziellen Vorschriften des Handelsgesetzbuches erhöhen die Transparenz und damit die Kreditwürdigkeit der Gesellschaft gegenüber Gläubigern. Des Weiteren werden dem Kaufmann einige zusätzliche Rechte und Erleichterungen eingeräumt. So kann der Kaufmann z.B. eine Bürgschaft auch mündlich abschließen (§ 350 HGB).

Die KG soll im Teil III näher beschrieben werden.

Die Gesellschafter, die an Personengesellschaften beteiligt sind haben in der Regel Einkünfte aus Gewerbebetrieb gem. § 15 EStG.[1]

Bei der Partnerschaftsgesellschaft handelt es sich um eine relativ neue Gesellschaftsform, die speziell für Freiberufler wie Rechtsanwälte, Wirtschaftsprüfer und Steuerberater entwickelt wurde. Das Partnerschafts-gesellschaftsgesetz passt dabei, mit nur 11 Paragraphen, das bestehende Recht an die Bedürfnisse von Freiberuflern an.

2. Kapitalgesellschaften

Im Zuge der Industrialisierung wurde für die Anschaffung von Maschinen, Forschungsprojekte und dergleichen, eine große Menge an Kapital benötigt. Diesem Anspruch wurde man durch Einführung von Kapitalgesellschaften gerecht. Dadurch wurde eine Risikostreuung erreicht und die Firmenbeteiligung ohne gleichzeitige Geschäftsführung ermöglicht.

---

[1] Lediglich Sondervorschriften z.B.: bei Vermögensverwaltung führen zu anderen Einkunftsarten.

Unter den Kapitalgesellschaften ist die GmbH und die AG am bekanntesten.

Eine Aktiengesellschaft wird häufig gegründet, um eine größere Menge Eigenkapital zu beschaffen. Durch eine Börsennotation hat eine AG optimalen und internationalen Zugang zum Kapitalmarkt. Die Aktionäre haften nur mit Ihrer Einlage, die dem Nennwert der gehaltenen Aktien entspricht.

Das Stammkapital der Gesellschaft beträgt mindestens 50.000 €.

Die Organe der AG sind der Vorstand, der Aufsichtsrat und die Hauptversammlung.

Die AG unterliegt der Körperschaftsteuer. Ausgeschüttete Dividenden stellen bei den Aktionären i.d.R. Einkünfte aus Kapitalvermögen dar (§ 20 EStG).[1]

Eine Eintragung in das Handelsregister ist vorzunehmen. Die Eintragung wirkt konstitutiv.

Die GmbH wird in folgendem näher beschrieben.

II. Die GmbH

Gemäß § 1 GmbH-Gesetz können Gesellschaften mit beschränkter Haftung zu jedem gesetzlich zulässigen Zweck, durch eine oder mehre Personen, errichtet werden. Der Gesellschaftsvertrag bedarf der notariellen Form (§ 3 GmbHG). Die Firma, also der Name der Gesellschaft, muss den Zusatz ´Gesellschaft mit beschränkter Haftung´, oder eine Abkürzung davon, enthalten (§ 4 GmbHG). Das Stammkapital beträgt lt. § 1 Abs. 1 GmbHG mindestens 25.000,- €. Jeder Anteil eines Gesellschafters muss durch 100 Euro teilbar sein. Die Haftung der Gesellschaft ist auf die Einlage der Gesellschafter beschränkt.[2]

Die GmbH muss nicht von den Gesellschaftern geführt werden. Es ist auch möglich, einen Geschäftsführer einzustellen. Geschäftsführer kann eine natürliche oder juristische Person sein (§ 6 GmbH-Gesetz).

---

[1] Es ist das Halbeinkünfteverfahren anzuwenden, wonach nur 50% der Ausschüttung als Einnahme zu erfassen ist.
[2] vgl. *Balser, Heinrich / Bokelmann, Gunther / Piorreck, Karl:* Die GmbH, S. 16-17

Die GmbH muss in das Handelsregister eingetragen werden (§ 7 GmbHG). Dabei hat die Eintragung konstitutive Wirkung, d.h. vor der Eintragung liegt entweder eine Vorgesellschaft oder eine Personengesellschaft vor. Eine Vorgesellschaft besteht so lange, bis die Gesellschaft mit notariell beurkundetem Gesellschaftsvertrag in das Handelsregister eingetragen ist. Vor der Beurkundung des Gesellschaftsvertrages liegt, je nach Tätigkeitsfeld, entweder eine OHG oder eine BGB-Gesellschaft (sog. Vorgründungsgesellschaft) vor.[1]

Nach der Eintragung entsteht eine Gesellschaft mit eigener Rechtspersönlichkeit (juristische Person).

Die GmbH hat zwingend zwei Organe einzurichten, nämlich die Gesellschafterversammlung und den Geschäftsführer. Zusätzlich kann ein Aufsichtsrat gemäß eigener Satzung bestellt werden (§ 52 GmbHG). Der Aufsichtsrat muss eingerichtet werden, wenn die GmbH mehr als 500 Arbeitnehmer beschäftigt (§ 77 BetrVG).[2]

Die GmbH, als selbständige juristische Person, unterliegt mir ihren gewerblichen Einkünften (vgl. § 8 (2) KStG) selbst der Körperschaftsteuer (§ 1 (1) Nr. 1 KStG). Die Ausschüttungen an die Gesellschafter stellen Einkünfte aus Kapitalvermögen gem. § 20 EStG dar. Die Vergütung an den Geschäftsführer führt zu Einkünften aus nichtselbständiger Arbeit gem. § 19 EStG. Ist der Geschäftsführer gleichzeitig Gesellschafter, so muss das Geschäftsführergehalt angemessen sein. Zu hohe Vergütungen, die an einen Dritten nicht bezahlt würden, stellen verdeckte Gewinnausschüttungen dar und führen somit zu Einkünften aus Kapitalvermögen.

III. Die Kommanditgesellschaft

Die Kommanditgesellschaft hat ihren Ursprung in Italien. Die Komplementär/Kommanditisten-Rolle war optimal für die mittellosen Arbeiter und die risiko- sowie arbeitsscheuen, dafür aber reichen Adeligen.

Rechtlich ist die KG eine Fortentwicklung der Gesellschaftsform der OHG. In den §§ 161 - 177a HGB ist die KG kodifiziert.

---

[1] vgl. *Balser, Heinrich / Bokelmann, Gunther / Piorreck, Karl:* Die GmbH, S. 5
[2] vgl. *Balser, Heinrich / Bokelmann, Gunther / Piorreck, Karl:* Die GmbH, S. 72,73, 127

Das Wesen der KG erfordert zwei Typen von Gesellschaftern. Ein Komplementär, der mit seinem gesamten Vermögen für die Gesellschaft haftet und zur Geschäftsführung verpflichtet ist, sowie ein Kommanditist, der lediglich mit einem Kapitalanteil an der KG beteiligt ist. Ihm wird nur ein geringes Kontrollrecht eingeräumt. Von der Geschäftsführung ist er ausgeschlossen.[1] Eine Geschäftsführungsbefugnis kann jedoch abweichend vom Gesetz im Gesellschaftsvertrag vereinbart werden.[2] Seine Haftung ist auf das eingesetzte Kapital begrenzt.

Da der Komplementär zur Geschäftsführung verpflichtet ist, kann kein Geschäftsführer für diese Aufgabe eingestellt werden.

Für den Kommanditisten kommt der Eintragung in das Handelsregister besondere Bedeutung zu, da er, vor der Eintragung ins Handelsregister, wie ein Komplementär, also persönlich, haftet.[3] Im Handelsregister wird jeder Komplementär und jeder Kommanditist mit seiner Haftsumme eingetragen.

Die Einlage eines Kommanditisten muss nicht mit der Haftsumme übereinstimmen. Ist die Einlage nicht voll geleistet, werden die Gewinne vorrangig dem Kapitalkonto gutgeschrieben.

Die Gewinnverteilung sieht eine Kapitalverzinsung von 4% vor. Ein Verlust und auch der restliche Gewinn wird nicht nach Köpfen, sondern nach dem Kapitalverhältnis verteilt (§ 168 HGB).[4]

Steuerlich hat der Komplementär immer Einkünfte aus Gewerbebetrieb gem. § 15 EStG.

Die Vergütung , die der Gesellschafter für seine Tätigkeit erhält, die Zinsen bei der Hingabe von Darlehen und die Vergütung bei Überlassung von Wirtschaftsgütern, sind so genannte Sonderbetriebseinnahmen und werden gem. § 15 (1) Nr. 2; 2. Halbsatz EStG in Einkünfte aus Gewerbebetrieb umqualifiziert.

Der Kommanditist hat, da er sich nur mit seiner Einlage an der KG beteiligt, Einkünfte aus Kapitalvermögen gem. § 20 EStG.

---

[1] vgl. *Hofmann, Manfred:* Existenzgründung, S. 18-19
[2] vgl. *Romanovszky, Bruno / Rux, Hans-Joachim:* Vorteilhafte Gesellschaftsverträge, S. 134
[3] vgl. *Balser, Heinrich u.a.:* OHG, KG, Einzelkaufmann, S. 134-137
[4] Der Gesetzgeber sieht hier ein den Umständen nach angemessenes Verhältnis der Kapitalanteile als bedungen vor. Dabei weist er selbst auf die Möglichkeit einer abweichenden Regelung hin.

IV.   Die GmbH & Co. KG

Die bedeutendste Mischform der Kapitalgesellschaft und Co ist die GmbH & Co. KG. Sie ist 1912 entstanden und fand in den 20er Jahren weite Verbreitung. Hauptgrund für diese Verbreitung waren steuerliche Vorteile. Durch den Abbau dieser Vorteile, im Zuge mehrerer Reformen des Steuergesetzes, hat sich die Bedeutung der gesellschaftsrechtlichen Vorteile erhöht.[1]

In Europa gibt es wenig Verständnis für die GmbH & Co. KG und die Probleme, die mit dieser Gesellschaftsform zusammenhängen. Dieses begründet sich vor allem darin, dass die Steuersysteme ganz anders ausgestaltet sind.[2]

Man unterscheidet grundsätzlich die sog. echte und unechte GmbH & Co. KG. Im ersten Fall ist eine GmbH als einziger Komplementär an einer KG beteiligt. Bei der unechten GmbH & Co. KG ist zusätzlich noch eine natürliche Person beteiligt, die voll haftet. In der Praxis ist die Form der unechten GmbH und CO. KG nicht sehr verbreitet.

Das besondere an der GmbH & Co. KG ist, dass es sich hier um eine Personengesellschaft handelt, bei der eine beschränkte Haftung erreicht wird, in dem eine GmbH die Rolle des Komplementärs einnimmt.

Abbildung 1: Mehrstöckige GmbH und Co. KG

Bei der doppelstöckigen GmbH & Co. KG beteiligt sich eine GmbH an einer GmbH & Co. KG, die wiederum an einer GmbH & Co. KG beteiligt ist. Diese Folge kann unendlich weiter verlängert werden. Eine solche mehrstöckige GmbH & Co. KG wird heute nicht mehr so häufig gegründet, da die steuerlichen Vorteile, die früher dadurch entstanden sind, nicht mehr existieren.

Die Gründung einer GmbH & Co. KG ist auf mehreren Wegen zu erreichen. So kann z.B. eine

---

[1] vgl. *Klatte, Volkmar:* Die Rechnungslegung der GmbH & Co. KG, S. 2-3
[2] vgl. *Rädler, Albert:* Überlegungen zur Harmonisierung der Unternehmensbesteuerung in der Europäischen Gemeinschaft, S. 278

vorhandene GmbH, eine KG gründen. Es ist aber auch möglich, dass eine KG selbst eine GmbH gründet und als Komplementär einsetzt. Die sich dadurch ergebende unechte GmbH & Co. KG wird zu einer echten GmbH & Co. KG, indem der Komplementär seinen Anteil in den eines Kommanditisten umwandelt. Es sind aber auch Vorgänge im Rahmen der Formumwandlung im Sinne des Umwandlungsgesetzes möglich.[1]

Die GmbH & Co. KG kann auch von einer einzigen Person gegründet werden. Bei dieser Ein-Mann-GmbH & Co. KG sind alle Kommanditisten und GmbH-Anteile in einer Hand.

In den 70er Jahren hat die Publikums-KG besondere Verbreitung durch sog. Abschreibungs- und Verlustzuweisungsgesellschaften gefunden. Dort waren besonders viele Kommanditisten mit hohen Kapitaleinlagen beteiligt. Durch den neu eingeführten § 15a EStG werden Verluste auf den Teil begrenzt, mit dem der Steuerpflichtige wirtschaftlich belastet ist. Die Bedeutung von Verlustzuweisungsgesellschaften in diesem Rechtskleid haben danach rapide abgenommen.[2]

C. Einflussfaktoren zugunsten der GmbH & Co. KG

Hauptanlässe, um sich mit Fragen der Rechtsformwahl zu beschäftigen sind:

- ➢ die Gründung

- ➢ das Wachstum oder Schrumpfen der Unternehmensgröße

- ➢ Aufnahme oder Austritt von Gesellschaftern

- ➢ steuerrechtliche oder sonstige Veränderung der Rahmenbedingungen

- ➢ die beabsichtigte (Teil-) Veräußerung der Unternehmung

---

[1] Sollte eine Umwandlung nicht den Vorschriften des Umwandlungsgesetzes entsprechen, so ist eine Umwandlung trotzdem möglich, allerdings nicht mehr im Rahmen der Gesamtrechtsnachfolge, d.h. alle Wirtschaftsgüter müssten einzeln in die neue Gesellschaft übertragen werden. Außerdem ist sodann nicht mehr der Ansatz von Buchwerten möglich. Der große Arbeitsaufwand und die Auflösung stiller Reserven führt dazu, dass eine Umwandlung immer im Sinne des UmwG erfolgt.
[2] vgl. *Binz, Mark:* Die GmbH & Co., S. 1-3

Mittelständische Unternehmungen sollten sich grundsätzlich regelmäßig (z.B. alle 5 Jahre) die Frage stellen, ob die Rechtsform des Unternehmens noch optimal ist, da sich dort schnell andere Ergebnisse ergeben.[1]

Folgende Gründe sprechen für die Rechtsform der GmbH & Co. KG.

I.   Haftungsgründe

Gesellschaftsrechtlich bedeutend ist die nur mit Mischformen zu erzielende Haftungsbeschränkung für Personengesellschaften.

Bei der echten GmbH & Co. KG wird die Haftung auf das Stammkapital, welches min. 25.000 € beträgt, begrenzt. Anzumerken ist hier, dass diese beschränkte Haftung durchbrochen werden kann, wenn diverse gesetzliche Vorschriften nicht eingehalten werden. Von der erweiterten Haftung ist vorrangig der Geschäftsführer betroffen.

Gründe für den Durchbruch der Haftung ergeben sich z.B. wenn ein Insolvenzantrag bei Überschuldung nicht gestellt wird oder Gläubiger vor der Insolvenz ungleich bedient wurden. Auch Betrug (§§ 263 ff. StGB) führt zur Durchbrechung der Haftungsbeschränkung.

Aber auch der Einsatz des Rechtsformteils Kommanditgesellschaft birgt die Komponente Haftungsbegrenzung in sich. So haftet der Kommanditist nur mit seiner Einlage.

II.   Kapitalbeschaffung

Der große Vorteil der GmbH & Co. KG gegenüber der GmbH ist die erleichterte Kapitalbeschaffung. Es ergeben sich niedrigere Eintrittsbarrieren für den Kommanditisten. Haftungsrisiken schrecken viele von einer Beteiligung an einer Gesellschaft ab. Da Kommanditisten nur mit ihrer Einlage haften, ist es leichter neue Gesellschafter zu finden. Die Kapitalbeschaffung kann auch durch die Erhöhung der Einlagen der bisherigen Kommanditisten erfolgen.

---

[1] vgl. *Rose, Gerd / Glorius-Rose, Cornelia:* Unternehmen: Rechtsformen und Verbindungen, Rz. 360

Grundsätzlich muss der Eintritt eines Kommanditisten in eine bestehende KG von allen (bisherigen) Gesellschaftern befürwortet werden. Allerdings besteht die Möglichkeit eine so genannte Publikums-KG zu gründen. Hier wird bereits bei der Gründung beschlossen, das die Komplementär-GmbH Aufnahmeverträge alleine abschließen darf. Der Beitrittsvertrag ist, wie bei jeder Kommanditgesellschaft grundsätzlich formfrei.[1]

Der Vollständigkeit halber sei hier erwähnt, dass eine Kapitalbeschaffung auch auf der Komplementärebene statt finden kann. Dieses ist oft nicht sinnvoll, da Kapital, das einer Komplementär-GmbH hingegeben wurde, nur umständlich zurückgeholt werden kann und bei Aufnahme einer natürlichen Person als Komplementär die Haftungsbegrenzung entfällt.

Die GmbH & Co. KG hat den Nachteil, dass durch den Einsatz einer GmbH als Komplementär die Kreditwürdigkeit gegenüber Kreditinstituten sinkt. Werden von der Bank Bürgschaften aus dem Privatvermögen verlangt, so wird die Haftungsbeschränkung dadurch ausgehöhlt.

III.   Steuerliche Gründe

In vielen Fällen wurde eine GmbH & Co. KG aus steuerlichen Gesichtspunkten gegründet. Der Gesetzgeber hat sich immer wieder darum bemüht, diese Vorteile abzubauen. Allerdings ist auch durch Verfassungskonforme Vorschriften schon öfter eine Änderung des Steuerrechts erfolgt. Steuerlich wird die GmbH & Co. KG wie eine normale Personengesellschaft besteuert.

1. Vermögensteuer

Bis zum 31.12.1996 unterlag die GmbH bei der Vermögensteuer einer zwei-fach-Besteuerung auf Ebene der Gesellschafter. Die GmbH war selbständig der Vermögensteuer zu unterwerfen. Zudem wurde beim Gesellschafter der Anteil an der GmbH erneut der Vermögensteuer unterworfen. Ab 1997 wird die Vermögensteuer wegen Verfassungswidrigkeit nicht mehr erhoben. Der Vorteil

---

[1] vgl. *Brönner, Herbert / Rux, Hans-Joachim / Wagner, Heidemarie:* Die GmbH & Co. KG in Recht und Praxis, Rz. 711

der GmbH & Co. KG bestand darin, dass dort keine 2-fach-Besteuerung im „KG-Bereich" anfiel, obwohl dort i.d.R. der Großteil des Firmenvermögens bilanziert wird. Die Doppelbesteuerung der Komplementär-GmbH war von untergeordneter Wichtigkeit.[1]

2. Gewerbesteuer

Ein weiterer Anreiz, eine GmbH & Co. KG zu Gründen war die Tarifbegrenzung der Einkommensteuer bei gewerblichen Einkommen auf 47% anstelle von 53% gem. § 32c EStG.[2] Diese Vorschrift ist letztmalig für das Veranlagungsjahr 2000 anzuwenden (vgl. § 52 EStG).

Dafür wurde der § 35 EStG eingeführt, der für Wirtschafsjahre, die nach dem 31.12.2000 beginnen gilt. In dieser Vorschrift wird das 1,8fache des Gewerbesteuermessbetrages von der Einkommensteuer abgezogen. In diesen Genuss kommt eine GmbH nicht. Die Vorschrift wurde eingeführt, um Gesellschafter einer Personengesellschaft nicht doppelt, also mit Einkommensteuer und Gewerbesteuer, zu belasten. Eine Abschaffung der Gewerbesteuer war nicht möglich, da sie die Haupteinnahmequelle der Gemeinden darstellt. Das 1,8fache des Gewerbesteuermessbetrages soll dabei der durchschnittlichen Gewerbesteuerbelastung entsprechen. Die genaue Gewerbesteuer lässt sich nicht exakt durch einkommensteuerrechtliche Vorschriften errechnen, da diese das Produkt aus dem Gewerbesteuermessbetrag und dem, von jeder Gemeinde individuell festgesetzten, Hebesatz ist. Steuerpflichtige können nun weiterhin von niedrigen Hebesätzen profitieren.

Obwohl diese Vorschrift zur Standortförderung gedacht war, führt sie heute zu ernormen Ungleichgewichten. So hat die Gemeinde Norderfriedrichskoog in Schleswig-Holstein den Hebesatz auf null Prozent festgesetzt, so dass faktisch keine Gewerbesteuer erhoben wird. Dieses hat eine nicht zu rechtfertigende Sogwirkung bei Standortfragen zur Folge.

---

[1] vgl. *Stehle, Heinz:* Die rechtlichen und steuerlichen Wesensmerkmale der verschiedenen Gesellschaftsformen: vergleichende Tabellen, S. 56-57
[2] vgl. *Brönner, Herbert / Rux, Hans-Joachim / Wagner, Heidemarie:* Die GmbH & Co. KG in Recht und Praxis, Rz. 774

Die Ermäßigung nach § 35 EStG begünstigt nur den Komplementär, nicht den Kommanditisten, da er Einkünfte aus Kapitalvermögen erzielt.

3. Investitionszulagen

Investitionszulagen sind bei der GmbH & Co. KG steuerfrei, sie können als (anteilige) Einlagen der Gesellschafter behandelt werden. Bei der GmbH tritt eine Nachversteuerung ein, wenn die Zulage an den Gesellschafter ausgeschüttet wird.[1] Die Nachbelastung mit Körperschaftsteuer dauert auch über den Zeitraum des Anrechnungsverfahren an, da die Endbestände der EK-Töpfe[2] noch min. 15 Jahre zu einer Körperschaftsteuernachzahlung führt.

4. Erbschaftsteuer

Im Rahmen der Erbschaftsteuer gibt es sogar mehrere Steuervorteile gegenüber der GmbH.

Da sich das Erbschaftsteueraufkommen jetzt und in den kommenden Jahren stetig erhöhen wird, kommt diesen Vorteilen ein nicht zu unterschätzendes Gewicht zu.

Die letzte große Änderung des ErbStG erfolgte durch das Jahressteuergesetz 1997. Nun werden Grundbesitzwerte an Stelle von Einheitswerten angesetzt. Die Freibeträge wurden verdoppelt, allerdings wurden ebenfalls die Steuersätze angepasst.[3] Eine weitere Anhebung der Steuersätze durch den Gesetzgeber ist zu erwarten.

Systematisch wird bei der Erbschaftsteuer grundsätzlich die Bereicherung des Erwerbers (Erben) besteuert. Die Erbschaftsteuer ist das Ergebnis der Anwendung des Steuersatzes (§ 19 ErbStG) auf den steuerpflichtigen Erwerb (§§ 10 ff. ErbStG). Interessant ist dabei die Ermittlung des steuerpflichtigen Erwerbes.

---

[1] vgl. *Brönner, Herbert / Rux, Hans-Joachim / Wagner, Heidemarie:* Die GmbH & Co. KG in Recht und Praxis, Rz. 774

[2] Investitionszulagen wurden dem EK02 zugeteilt. Alle EK0x-Töpfe sind ohne Körperschaftsteuerbelastung. Bei Ausschüttung wurde beim Anrechnungsverfahren die Ausschüttungsbelastung mit 30% KSt hergestellt. Der KSt-Satz beim Halbeinkünfteverfahren beträgt 25%.

[3] vgl. *Pietsch, Reinhard / Schulz, Burghard:* Steuer-Seminar. Praktische Fälle, Vorwort zur 4. Auflage

Die GmbH & Co. KG profitiert davon, dass sie als Personengesellschaft besteuert wird. Personengesellschaften werden durch folgende wesentliche Regelungen begünstigt:

1. Für die Wertermittlung des Betriebsvermögens werden alle Vermögensgegenstände mit dem Buchwert angesetzt.[1] Das heißt, dass stille Reserven unversteuert bleiben.

2. Beim Betriebsvermögen wird ein Freibetrag in Höhe von 256.000 Euro (500.000 DM) gewährt, d.h. Betriebe mit einem Vermögen unter dem Freibetrag werden gar nicht der Erbschaftsteuer unterworfen (§ 13a Abs. 1 ErbStG).

3. Der nach Abzug des Freibetrages verbleibende Wert des Betriebsvermögens wird um 40% (Bewertungsabschlag) gemindert (§ 12a Abs.2 ErbStG).

Die Vorteile der Nummern 2 und 3 werden nur gewährt, wenn das Unternehmen 5 Jahre lang weiter fortgeführt wird (sog. Behaltensfrist; vgl. § 13a Abs. 5 ErbStG).[2]

4. Begünstigung durch eine Tarifbegrenzung beim Erwerb von Betriebsvermögen, von Betrieben der Land- und Forstwirtschaft und von Anteilen an Kapitalgesellschaften (§ 19a ErbStG). Die Erwerber der Steuerklassen II und III werden durch den § 19a ErbStG der Steuerklasse I gleichgestellt.[3]

Außer dem letzten Punkt erfolgt die Wertermittlung bei einer GmbH ganz anders.

Bei Kapitalanteilen wird nicht der niedrige Buchwert, sondern der gemeine Wert angesetzt. Da GmbH-Anteile nicht amtlich notiert sind, ergeben sich Probleme, diesen Wert festzustellen. Wurden Anteile der GmbH innerhalb des letzten Jahres veräußert, so lässt sich der gemeine Wert aus den tatsächlichen Verkäufen ableiten. In anderen Fällen wird der Wert aufgrund der Vermögens- und Ertragslage mit Hilfe des Stuttgarter Verfahrens ermittelt.[4]

---

[1] Nur bei Betriebsgrundstücken erfolgt eine separate Bedarfsbewertung.
[2] vgl. *Handzik, Peter:* Die neue Erbschaft- und Schenkungsteuer, S. 115
[3] vgl. *Schäfer, Harald / Schlarb, Eberhard:* Erbschaft- und Schenkungssteuer; Gestaltungen und Praxisfälle, S. 8, 17-18
[4] vgl. *Halaczinsky, Raymond / Sikorski, Ralf / Sirsch, Walter:* Bilanzbuchhalter Band 3: Abgabenordnung Bewertungsrecht Erbschaftsteuer Schenkungsteuer Umsatzsteuer, S. 118-123, 194

5. Körperschaftsteuer

a. Grundsätzliche Abwägungen

Ob die Körperschaftsteuer und die dafür nur noch hälftige Besteuerung der Einnahmen im Rahmen der Einkommensteuererklärung vorteilhaft ist, hängt von dem persönlichen Steuersatz des Gesellschafters ab. Die Körperschaftsteuer beträgt 25%. Liegt der Durchschnittssteuersatz der Einkünfte aus der GmbH & Co. KG über 25%, so ist das Halbeinkünfteverfahren von Vorteil.

Je nach Einzelfallgestaltung besteht die Möglichkeit, Gewinne in die GmbH oder die GmbH & Co. KG zu verlagern.

b. Aktuelle Gestaltungshinweise aufgrund neuer Steuerlücken

Der steuerliche Bereich ist kaum zu durchschauen. Erst kürzlich hat sich folgende Lücke im Steuersystem aufgetan:

Durch den Wechsel vom Anrechnungsverfahren auf das Halbeinkünfteverfahren haben Kapitalgesellschaften i.d.R. ein Körperschaftsteuerguthaben, welches bei Ausschüttungen vom Finanzamt ausgezahlt wurde. Im Jahre 2002 wurde nun im Bereich der Körperschaftsteuer kein Überschuss erzielt. Der Gesetzgeber hatte vergessen, eine Begrenzungsregelung in das Gesetz einzubauen, die eine gleichmäßige Ausschüttung der Körperschaftsteuerguthaben über 15 Jahre gewährleistet.

Am 11.4.2003 wurde das Steuervergünstigungsabbaugesetz entgültig verabschiedet. Mit diesem Gesetz wurde die Verrechnungsmöglichkeit beim Körperschaftsteuerguthaben wie folgt eingeschränkt:

> ➢ Für Gewinnausschüttungen, die nach dem 11.4.2003 bis 31.12.2005 erfolgen, darf kein Körperschaftsteuerguthaben entnommen werden.

> ➢ Für Gewinnausschüttungen, die danach erfolgen, wird das Körperschaftsteuerguthaben in Höhe von 1/15 ausgezahlt.

Durch die 1/15 Regelung, die erst nach 3 Jahren eintritt, wird die ursprünglich nach 15 Jahren auslaufende Entnahmemöglichkeit um 3 Jahre, also bis 2019 verlängert.[1]

Um auch in diesen Zeiten der Rezession an das eingefrorene Körperschaftsteuerguthaben heranzukommen, kann eine Formumwandlung einer Kapitalgesellschaft[2] in eine KG erfolgen. Da bei dieser Umwandlung das Steuersystem gewechselt wird (vom Körperschaftsteuersystem zum Einkommensteuersystem), werden die bestehenden Körperschaftsteuerguthaben trotz der gesetzlichen Ausschüttungssperre freigesetzt. Wird dabei eine GmbH & Co. KG gegründet, so bleibt auch die Haftungsbeschränkung erhalten.

IV. Sonstige Gründe

1. Unternehmensnachfolge

Im Rahmen der Unternehmensnachfolge haben viele Unternehmer einer Personengesellschaft wie der der KG ein Problem. Oft sind die Erben nicht (oder noch nicht) in der Lage, ein wirtschaftliches Untenehmen zu führen. Die Unternehmensführung kann dabei nicht an einen eingestellten Geschäftsführer übertragen werden, da der Komplementär selbst zur Geschäftführung verpflichtet ist. Wird die Komplementärstellung von einer GmbH übernommen, so kann man seinen Abkömmlingen die Gesellschaftsanteile übertragen und gleichzeitig einen Geschäftsführer in der GmbH einstellen, der zudem den Beschlüssen der Gesellschafterversammlung Folge leisten muss.

2. Erleichterte Publizität und Mitbestimmung von Arbeitnehmern

Während bei einer GmbH bereits ab 500 Arbeitnehmern ein Aufsichtsrat eingerichtet werden muss und zu mindestens einem Drittel mit Arbeitnehmern zu

---

[1] vgl. *O.V.:* Haufe Steuer Office: Steuer News 5/2003, S. 3
[2] Nur diese unterliegen der Körperschaftsteuer.

besetzen ist, tritt diese Verpflichtung nach dem Mitbestimmungsgesetz 1976 für die GmbH & Co. KG erst ab einer Mitarbeiterzahl von mehr als 2000 ein.[1,2]

D. Schlussbemerkung und Überblick

Durch die Kombination von zwei so unterschiedlichen Rechtsformen erhöht sich der Freiheitsgrad der Gestaltungsmöglichkeiten, da alle Vorteile der Personengesellschaften und die der Kapitalgesellschaften gleichzeitig genutzt werden können.

Lediglich der erhöhte Beratungsbedarf, wegen der erhöhten Komplexität, kann als Nachteil angeführt werden.

Gründe für die Gründung einer GmbH & Co. KG gibt es sehr viele, man kann sie nicht erschöpfend aufzählen.

Die Rechtsform der GmbH & Co. KG ist für mittelständische Unternehmungen grundsätzlich empfehlenswert.

---

[1] vgl. *Rose, Gerd / Glorius-Rose, Cornelia:* Unternehmen: Rechtsformen und Verbindungen, Rz. 273
[2] vgl. *Heidemann, Otto:* Rechtsformwahl für Ein-Mann-Unternehmen, S. 71-72

Literaturverzeichnis

➢ *Balser, Heinrich / Bokelmann, Gunther / Piorreck, Karl:* Die GmbH, 10. Auflage 1994, Freiburg

➢ *Balser, Heinrich u.a.:* OHG, KG, Einzelkaufmann, 6. Auflage 1994, Freiburg

➢ *Binz, Mark:* Die GmbH & Co., 8. Auflage 1992, München

➢ *Brönner, Herbert / Rux, Hans-Joachim / Wagner, Heidemarie:* Die GmbH & Co. KG in Recht und Praxis, 7. Auflage 1996, Freiburg · Berlin

➢ *Eisenhardt, Ulrich:* Gesellschaftsrecht, 9. Auflage 2000, München

➢ *Halaczinsky, Raymond / Sikorski, Ralf / Sirsch, Walter:* Bilanzbuchhalter Band 3: Abgabenordnung Bewertungsrecht Erbschaftsteuer Schenkungsteuer Umsatzsteuer, 5. Auflage 2001, München

➢ *Handzik, Peter:* Die neue Erbschaft- und Schenkungsteuer, 2. Auflage 1998, Bielefeld

➢ *Heidemann, Otto:* Rechtsformwahl für Ein-Mann-Unternehmen, 1992, Düsseldorf

➢ *Hofmann, Manfred:* Existenzgründung, 5. Auflage 1993, Heidelberg

➢ *Klatte, Volkmar:* Die Rechnungslegung der GmbH & Co. KG, 1991, Berlin

➢ *O.V.:* Haufe Steuer Office: Steuer News 5/2003, Freiburg

➢ *Pietsch, Reinhard / Schulz, Burghard:* Steuer-Seminar. Praktische Fälle, 4. Auflage 1997, Bremen

➢ *Rädler, Albert:* Überlegungen zur Harmonisierung der Unternehmensbesteuerung in der Europäischen Gemeinschaft, in: *Lang, Joachim:* Unternehmensbesteuerung in EU-Staaten, 1994, Köln

➢ *Romanovszky, Bruno / Rux, Hans-Joachim:* Vorteilhafte Gesellschaftsverträge, 8. Auflage 1991, Freiburg

➢ *Rose, Gerd / Glorius-Rose, Cornelia:* Unternehmen: Rechtsformen und Verbindungen, 3.Auflage 2001, Köln

➢ *Schäfer, Harald / Schlarb, Eberhard:* Erbschaft- und Schenkungssteuer; Gestaltungen und Praxisfälle, 2000, Neuwied

➢ *Stehle, Heinz:* Die rechtlichen und steuerlichen Wesensmerkmale der verschiedenen Gesellschaftsformen: vergleichende Tabellen, 17. Auflage 2000, Stuttgart

Eidesstattliche Erklärung

Ich versichere an Eides Statt durch meine Unterschrift, dass ich die vorstehende Arbeit selbständig und ohne fremde Hilfe angefertigt und alle Stellen, die ich wörtlich oder annähernd wörtlich aus Veröffentlichungen entnommen habe, als solche kenntlich gemacht habe, mich auch keiner als der angegebenen Literatur oder sonstiger Hilfsmittel bedient habe. Die Arbeit hat in dieser oder ähnlicher Form noch keiner anderen Prüfungsbehörde vorgelegen.

Recklinghausen, den 30.05.2003